EL ESPÍRITU DEL KENDO

GUÍA PARA REALIZAR EXÁMENES

Shigematsu Kimiaki
(Kendo Kyoshi 8-dan)

Primera edición en inglés publicada en junio de 2016
Primera edición en español publicada en marzo de 2024
Bunkasha International Corporation
2498-8 Oyumicho, Chuo-ku, Chiba-shi, Chiba, Japón

Escrito por Shigematsu Kimiaki
Traducido por Víctor Fernando López Suero
Revisión por Tanya Saga.
Supervisión editorial de Alexander Bennett, Michael Ishimatsu-Prime
Diseño y maquetación: Bunkasha International Corporation

ISBN: 978-4-907009-36-6

Revisión Técnica

Mayumi Katsura
Kendo Kyoshi 7o Dan

Juan Carlos Horita Figueroa
Kendo Renshi 7o Dan

Carlos Max Flores Hernández
Kendo Renshi 6o Dan

Juan Leandro de Cisneros Rodríguez
Kendo 5o Dan

La felicidad en el kendo no se halla al golpear

a un oponente.

Se halla en el complejo y polifacético proceso

que conduce a la ejecución de una técnica.

CONTENIDO

CAPÍTULO 2

Cultivar su propia filosofía del kendo

PRÓLOGO

Aquellos que estudian kendo consideran los exámenes de promoción y los combates como medios para cultivar la auto-disciplina. Prepararse para un examen es especialmente motivador en comparación con el entrenamiento habitual. Sin embargo, también puede producir una tremenda decepción cuando se fracasa. Hay algunos practicantes que consiguen aprobar cada examen sin reprobar nunca, sin embargo, hay otros que llegan a un callejón sin salida. ¿Cuál es la diferencia entre estos dos grupos? Ciertamente si uno consigue entender esto, aunque sólo sea mínimamente, estará un paso más cerca de alcanzar el éxito para aprobar su examen.

Hay muchas variables en juego para aprobar un examen, sin dejar de lado la importancia de impresionar a los jueces con golpes resonantes. No hay forma de alcanzar su objetivo sin antes saber cómo lograrlo. El contenido de este libro se basa en las lecciones que aprendí de mis sensei, mis experiencias en el dojo y lo que leí en libros y manuales de instrucción a lo largo de mi formación. Guardo la esperanza que la información contenida en este pequeño documento le resulte útil como material de referencia en su andar en la vía del Kendo.

CAPÍTULO 1

"Golpear de una manera que deje una impresión en los jueces..."

1. ¿Por qué necesitamos exámenes?

El "Principio del Kendo", formulado por la *All Japan Kendo Federation* en 1975, determina que este sistema marcial debe "disciplinar el carácter humano mediante la aplicación de los principios de la espada", y su propósito es formar practicantes de kendo con elevadas normas morales.

En el "Principio del Kendo", no se menciona la importancia de alcanzar un rango superior o de ganar combates. Así, ante la pregunta de por qué es conveniente hacer un examen, muchas personas pueden no tener una respuesta clara. Personalmente, considero que el propósito de estos exámenes es "que evalúen mis habilidades y mi comprensión de los fundamentos del kendo, identificando áreas en las que debo enfocar mi práctica futura."

El entrenamiento de kendo se basa en la repetición constante, y no se pueden adquirir las habilidades de la noche a la mañana. Sólo si sigue practicando con honestidad y convicción, sus esfuerzos acabarán dando fruto. Así, los exámenes nos proporcionan hitos tangibles a lo largo de nuestra práctica cotidiana.

2. No es tanto el golpe, sino el *seme-ai* lo que cuenta

Un examen es una ocasión en la que muestra su filosofía sobre el kendo a expertos que evalúan si va o no por el camino correcto. ¿A qué me refiero con su "filosofía sobre el kendo"? Esto tiene que ver con su actitud mental durante el entrenamiento, y la forma en la que reconoce y expresa la cultura del kendo. Es más, la filosofía que cada uno tiene sobre el kendo se determina en función de hasta qué punto se basa en el "Principio del Kendo".

Una de las formas más eficientes de probar la efectividad de su *keiko* es competir en combates. No obstante, llegará un momento en el que deberá decidir hasta qué punto quiere orientarse hacia los resultados y hasta qué punto pretende ceñirse al "Principio del Kendo" en la búsqueda del autodesarrollo.

Hay que tomar en cuenta que a medida que se acerque el día del examen, su actitud mental en el entrenamiento se tornará más enfocada. El deseo de aprobar un examen inminente es siempre una fuerte motivación para mantener su kendo "honesto". Sin embargo, lo más importante es dar siempre lo mejor de uno mismo durante los entrenamientos diarios, independientemente de si hay un examen o no en puerta.

Revisemos a continuación el examen propiamente dicho. Puede que piense que sólo se trata de conectar tantos puntos efectivos como sea posible a sus oponentes. Los golpes efectivos son importantes, pero factores mentales como el espíritu y *seme* son más relevantes como criterios de evaluación. Cuanto mayor sea el grado al que aspire, más se espera que demuestre que sus golpes son intencionados, y no simples golpes al azar o conseguidos por simple suerte. Tenga en cuenta que golpear con éxito a su oponente no garantiza que apruebe. En los exámenes para kendoka de alto rango, los golpes son la culminación de superar primero psicológicamente al oponente, o derrotarlo antes del golpe. No se trata de una competición de sólo golpear. Un examen tiene que ver con *seme* – el proceso de aplicar presión y controlar la oposición del adversario.

Tome en consideración que si se queja de que no le aprobaron a pesar de que diezmó a su oponente, es una señal de que su perspectiva del kendo es aún inmadura y poco desarrollada.

3. ¿Contra quién se enfrentará?

Sus oponentes serán más o menos de la misma edad y rango; en otras palabras, *kenshi* de un nivel de habilidad equiparable que cumplan los requisitos para presentarse al examen. En el tiempo limitado de que dispone, los jueces evaluarán su desempeño general. Esto incluye su atuendo, *reihō* (etiqueta), postura, *maai* (distancia y tiempo), *seme* (aplicar presión para crear aperturas), oportunidades de ataque, *zanshin* (alerta física y psicológica posterior al ataque), entre otros aspectos. Los candidatos están bajo presión para demostrar su habilidad técnica, fortaleza mental y hasta qué punto han encarnado los principios del kendo en sus formas y movimientos.

Los candidatos se dividen en grupos de cuatro. Cada candidato realiza dos *tachiai* (combates), y debe aprovechar estas oportunidades para destacar entre la multitud. Su desempeño debe hacerse notar por encima de los demás, tanto del grupo que le precede como del que le sigue. Para "destacar", el dominio de las habilidades técnicas se da por sentado; pero ¡cuanto más alto es el rango, más tiene que resonar su espíritu! Si su actuación es ordinaria y no deja una marca, también reprobará el examen.

4. Aliño y *reihō* adecuados

Los jueces prestarán mucha atención a su atuendo, ya que se considera un reflejo de su mente. Por ejemplo, una *hakama* parece desaliñada si la parte trasera es más baja que la delantera, si los pliegues no son nítidos o si el *kendō-gi* está abullonado en la parte trasera. Puede que estas cosas no tengan un efecto directo en su desempeño *per se*, pero

lucirá descuidado, y esto influirá en la impresión que el examinador tenga de usted. Se espera que los practicantes de alto rango proyecten un aire de gracia y dignidad, lo que debe reflejarse en su postura y forma de vestir. Alístese con cuidado y asegúrese de estar a la altura. El aspecto desaliñado es totalmente inaceptable.

Durante la prueba, deberá demostrar qué nivel de comprensión ha alcanzado y si esta comprensión es auténtica o no. Su comportamiento y sus modales deben mostrar elegancia y confianza, pero sin ser superficiales. Los examinadores observarán atentamente si sus modales y su porte son fingidos o si por el contrario han sido cultivados durante su formación hasta el punto de que forman parte natural de su ser. Los examinadores no se dejarán engañar por actos vacíos de decoro.

Aquellos que entrenan con regularidad serán capaces de realizar sin esfuerzo la serie de movimientos que comienzan en la posición de *taitō* (*shinai* sostenido en la cadera izquierda) hasta *sonkyo*. Nada debe forzarse, y los movimientos deben sincronizarse con los del adversario. Los buenos modales demuestran que se tiene una actitud seria hacia el kendo, y esto es un requisito para los practicantes de alto rango. La vestimenta y los modales reflejan su actitud mental en la vida cotidiana, así que preste tanta atención a perfeccionarla en sus entrenamientos diarios como a desarrollar sus técnicas tanto como le sea posible.

5. *Sonkyo* es crucial para un golpeo efectivo

Algunas personas piensan que *sonkyo* es simplemente ponerse en cuclillas y levantarse seguidamente. La calidad de su *sonkyo* denota si tiene o no la capacidad de controlar al oponente y producir golpes excelsos incluso antes de que comience el combate.

Se ha dicho que *sonkyo* requiere la postura y la mentalidad de un león. Cuando hace *sonkyo*, su espíritu tiene que estar pletórico, como un león acechando a su presa y preparado para saltar. Un *sonkyo* correcto requiere una espalda y unas piernas robustas. Esto permite concentrar el *ki* en el abdomen. Sin un *core*[1] (núcleo) fuerte, *sonkyo* puede volverse inestable y le será difícil permanecer enfocado al concentrar el *ki* en el vientre.

Tense la parte inferior del abdomen al ponerse en cuclillas y mantenga la tensión hasta que se reincorpore. Mucha gente se relaja demasiado y se levanta al comienzo del combate en un estado desenfocado y endeble. Siguen teniendo el deseo de atacar a su oponente, pero el cuerpo y la mente no están sincronizados. No darse cuenta de la importancia de estar preparado en el momento de realizar *sonkyo* significa que su

---

[1] El "núcleo" se refiere a las regiones proximales del cuerpo, que pueden incluir la columna vertebral, la pelvis, la región escapulotorácica e incluso las caderas y los hombros. Estas regiones son funcionalmente distintas de las extremidades distales, que desempeñan un papel fundamental en los movimientos finos, controlados y dirigidos. Las principales funciones del núcleo son proporcionar una base para los movimientos de las extremidades, una base estable para la contracción de los músculos de las extremidades y una importante contribución al control postural general del cuerpo (Hodges B (2017). Core stability. Brukner P, & Clarsen B, & Cook J, & Cools A, & Crossley K, & Hutchinson M, & McCrory P, & Bahr R, & Khan K(Eds.), Brukner & Khan's Clinical Sports Medicine: Injuries, Volume 1, 5e. McGraw Hill).

oponente estará un paso por delante de usted.

Cuando asistí a un seminario nacional, el instructor dijo: "*Sonkyo* debe ser como el humo que sale despedido del incienso". Esto significa que el cuello, la espalda y la cintura deben estar alineados, extendidos y rectos, como el humo del incienso que se eleva hacia el cielo. Los movimientos deben ser fluidos y continuos, como una columna constante de humo que se eleva desde la punta ardiente de la varilla de incienso y se propaga hacia la atmósfera.

Esmérese particularmente al hacer *sonkyo*, cuando entrene con su *sensei*. Ciertamente, no se equivocará si se apega a los protocolos descritos en la *Nippon Kendo Kata*. Si sigue la guía del *motodachi* (*uchidachi*), experimentará un *keiko* significativo con un *ki* perfectamente sincronizado (*ai-ki*).

6. Elementos de un *datotsu*

Kamae, *seme*, oportunidad de ataque, selección de la *waza*, golpes y *zanshin* se ejecutan en un flujo continuo, que luego se ponderan para determinar un *yūkō-datotsu* (golpe válido).

(1) *Kamae*

La palabra *kamae* (postura de combate) significa "Tener la postura y la actitud adecuadas para reaccionar ante cualquier situación". *Kamae* influye enormemente en los movimientos de golpeo, por lo que es imprescindible perfeccionar tanto su *kamae* como las técnicas. Se

suele decir que si la "*kamae* está viva" permite atacar en cualquier momento, o facilita un movimiento suave e instantáneo. Es por tanto la postura ideal, que no ofrece obstáculos, y que es natural y explosiva.

Kamae consta de dos partes: *mi-gamae* (cuerpo) y *ki-gamae* (mente/espíritu). Si mantiene una postura bien erguida, con los pies separados a la anchura de los hombros y sin separarlos demasiado, en consecuencia, la parte superior e inferior del cuerpo estarán unidas y estables. Esfuércese para que su *kamae* parezca grande al levantarse de *sonkyo* relajando los hombros, abriendo el pecho y colocando las orejas alineadas con sus hombros. La forma más fácil de abrir el pecho es aproximando los omóplatos. Coloque sus brazos como si estuviera arrullando a un bebé para que goce de suficiente margen de maniobra para manipular el *shinai* libremente.

La posición del puño izquierdo es crucial en *kamae*. Éste debe posicionarse aproximadamente a una distancia de un puño con respecto a su cuerpo, con la articulación de la base del pulgar izquierdo orientada hacia el ombligo. Algunas personas son altas, otras bajas, delgadas o corpulentas. Pese a ello todos deben colocar las manos en la posición correcta independientemente de su complexión. No obstante, adapte la *kamae* que mejor se adecue a su constitución física. Su cuerpo debe estar estable, y debe resultarle fácil levantar el *shinai* por encima de la cabeza con la mano izquierda.

Los candidatos suelen mostrarse incómodos en los exámenes debido a que están preocupados por el aspecto de su *kamae*, provocando que la parte superior de su cuerpo se tense. Las posturas superficiales pueden compararse a las flores artificiales. Pueden parecer bonitas a primera vista, pero si la mira más de cerca, se dará cuenta de que no son reales. ¿Cuál es la diferencia? La "fragancia": las flores artificiales no cuentan con ella. Esfuércese por desarrollar un *kamae* que muestre su intensidad de espíritu y su gracia. Esto sería una "fragancia" en el contexto de *kamae*.

Los ojos influyen mucho en su *kamae*. Si da la impresión de que está mirando desde lo alto de una pequeña colina, con la espalda recta y los hombros relajados, no sólo podrá maniobrar con libertad, sino que también podrá presionar a su adversario.

(2) *Hassei* (Vocalización)

Una de las características del kendo es el grito constante. Hay dos tipos de *hassei*: enunçiar el objetivo que se está golpeando; y *kakegoe*, que son vocalizaciones para subir la moral e intimidar al adversario. La vocalización incrementa la concentración y centra la mente. Un *hassei* que emana de un espíritu repleto y una determinación firme es auténtico y fuerte. Creo profundamente que se transforma en una especie de poder invisible que penetra en la mente del adversario y lo perturba.

Resulta eficaz exhalar desde el bajo vientre mientras se emite un grito profundo y resonante. Gritar es una de las técnicas importantes del kendo, así que preste atención a su *hassei* en el entrenamiento, el cual está directamente relacionado con su postura. Esto le resultará beneficioso, en particular si aprende a utilizar los músculos de la parte inferior del abdomen manteniendo los hombros relajados. Si su postura es defectuosa, no podrá almacenar energía en la parte inferior del abdomen, lo que provocará un grito ahogado que resultará ineficaz. Mucha gente cree que es aceptable gritar en cualquier momento, pero hay intervalos distintos *(maai)* a partir de los cuales se debe y no se debe gritar. Debe colocarse a una *maai* segura, por la sencilla razón de que cuando haya agotado su grito necesitará inhalar. Esto le dejará inestable y vulnerable. Si libera un grito todopoderoso desde la distancia de golpeo óptima, corre el riesgo de ser golpeado al inspirar de nuevo.

La razón por la que gritamos al golpear el objetivo es para concentrar la potencia del ataque en el punto de impacto y también para aumentar el impulso para pasar por delante. Esto hace que la técnica sea decisiva.

Hay muchas enseñanzas en kendo que hablan de "*a-un no kokyū*". Este concepto se refiere a la importancia de sincronizar su respiración a la del adversario. También puede referirse al acento y la entonación de la vocalización al atacar. Por ejemplo, si golpea al *men* de su oponente, la parte de la "a" con la boca abierta de la exhalación está justo al principio con "me". A continuación, vocaliza la "n" con la boca cerrada (*me–nnnnn*!) No sólo es importante articular ambos sonidos, sino que deben ser cortos, agudos y con el tono elevado al final. Al hacerlo, su abdomen se tensará y su pie izquierdo se levantará más rápido. Su voz debe perdurar como el tañido de una campana que resuena después de ser golpeada.

(3) De *tōma to shokujin* (espadas que se tocan); *shokujin to kojin* (espadas que se cruzan) e *issoku-itto-no-ma*

• Acortar su *maai*

Existe una máxima que dice: "Siéntase como si estuviera cerca de su oponente, pero haga que se sienta lejos de usted". Por supuesto, físicamente hablando esto no es realmente posible, así que ¿por qué se escucha esta expresión tan a menudo durante la práctica de kendo? En realidad, se refiere más a una distancia mental que física, y a mantener una sensación de superioridad psicológica sobre el adversario. Presione *(seme)* a su oponente y golpee en el instante en que surge una abertura. Para ello, debe ser capaz de estimar la distancia exacta desde la que lanza el ataque en un sentido físico, y estar preparado para ejecutarlo, con total convicción, en un sentido psicológico.

Los oponentes inician el proceso de *seme-ai* (presionándose mutuamente) alejados desde una distancia larga *(tōma)*. La *maai* se acorta a *shokujin* (tocar), luego *kojin* (cruzar), y finalmente a encontrarse a una distancia que le permita estar a un paso de su objetivo *(issoku-ittō-no-ma)*. No está por demás decir que la tensión aumenta a medida que se estrecha esa *maai* y se entra en *uchima* – la distancia óptima desde donde se puede realizar un golpe; ni demasiado lejos, ni demasiado cerca.

A menudo se observa a los examinados de pie, con los pies apoyados totalmente sobre el suelo. Tal vez están demasiado centrados en su *kamae* y se olvidan de sus pies. Pararse con los pies planos y gritar "¡Yaa, yaa!" nunca intimidará a un adversario. Una vez que se levante de la línea de salida, intente acortar la distancia con un *ki* lo suficientemente fuerte como para obligar a su oponente a retroceder. Esto le permitirá entrar en su territorio. Es importante que no vacile en su determinación. Al acercarse, puede experimentar pensamientos de distracción o miedo a ser golpeado. Esto nublará su mente y le hará dudar, dejándole susceptible de ser golpeado en su lugar. Cueste lo que cueste, debe eliminar esos pensamientos de su mente. Sea decidido y positivo. Proyectar determinación y confianza en sí mismo exasperará a su adversario.

• ***Seme***

Desde hace siglos, enseñanzas como "no golpee y gane; gane y golpee", o "el que gana la batalla de *seme* tiene derecho a golpear" han sido parte integral del entrenamiento del *Budo*. Un *sensei* nos aconsejará prestar más atención antes de golpear, una indicación de que el proceso de *seme* es más importante que el ataque final. Además, un concepto importante en kendo es *seme* con *ki* pero golpear con *ri*. O, gane con *ki*, golpee con *ri*. *Ri* son las reglas teóricas y técnicas prescritas del kendo. La acción de *seme* es crear una oportunidad para golpear. Así pues, ganar o realizar *seme* con *ki* significa buscar activamente y crear aberturas en las defensas del adversario, o provocarlo para que ataque mediante la aplicación de una presión psicológica y física. El acto de *seme* requiere movimientos sutiles de la punta de la espada (*kensen*), así como del cuerpo y los pies. Cuando su oponente siente la presión y se agita, es señal de que su *seme* está surtiendo efecto.

En muchos casos, sin embargo, su *seme* puede no

ser eficaz. Necesita evocar una sensación de miedo y duda en la mente de su oponente, haciéndole creer que va a golpearle en cualquier momento. Esto hará que se desconcierte. La capacidad de aplicar una *seme* poderosa no se domina de la noche a la mañana.

Los jueces no pasarán por alto los cambios sutiles en las mentes de los examinados; observarán atentamente para ver quién está ganando la batalla de *seme*, y quién está dominando al otro. Utilizan esta información para decidir quién aprueba o reprueba.

Un aspecto maravilloso del kendo es que los *sensei* veteranos pueden vencer a kendokas más jóvenes y rápidos. Esto es posible al no depender de la velocidad, sino incorporando dos elementos a su kendo: "experiencia" y "*kiryoku*" (poder mental). Es ley de vida que paulatinamente perderá su destreza física a medida que envejezca, pero su *kiryoku* se tornará más fuerte con los años. Con el tiempo, su *seme* empezará a asomar por la punta de su *shinai* como una fuerza mágica que fluye de una varita. Esta concentración de energía compensará su disminución de velocidad. Una *seme* fuerte sólo es posible cuando confluyen varios factores. Estos factores tardan años en desarrollarse y son un reflejo de su madurez en kendo.

La siguiente cita de *Hanshi* 10° *dan* Saimura

Gorō-*sensei*, conocido como un "santo de la espada" del siglo XX, demuestra la importancia de *seme*: "No importa lo rápido que sea su *waza*, primero se crea en su mente. Si puede controlar su propia mente, por añadidura podrá controlar a su oponente, y nacerá la *waza* correcta." Está explicando cómo la *waza* es una prolongación de *seme*. Hacer una transición fluida desde *seme* a la *waza* es algo por lo que todos los *kenshi* deben esforzarse.

• Controlar el centro (línea central)

Para lograr aplicar *seme* eficazmente, primero hay que controlar el centro. Uno de los principales métodos para hacerlo es mediante la manipulación del *shinai*. Para marcar un golpe válido, el movimiento del *kensen* es crucial. Manteniendo el *kensen* sobre la línea central, aplique presión desde arriba, desde abajo y desde los flancos del *shinai*. Si puede permanecer psicológica y físicamente preparado, y puede presionar a su oponente sin alejarse de dicha línea, su kendo no sólo parecerá fuerte, sino que SERÁ fuerte.

Hay varias maneras de tomar el control del centro: *harai-waza* (golpear el *shinai*), *osae-waza* (suprimir limitando el movimiento), *maki-waza* (*hacer girar* el *shinai*) y mover el cuerpo. También hay variaciones de *kamae*, como adoptar una postura más alta o más baja, o sujetar el *shinai* con un agarre rígido o suave en función del adversario. Es importante saber qué *kamae* utilizar en cada situación.

¿Todo está bien mientras el *kensen* controle la línea central? Aún no. Su mente también debe estar en el centro. Su mano izquierda refleja su mente: si su mano izquierda está temblorosa, la punta del *shinai* se alejará naturalmente del centro. Saimura Gorō-*sensei* dijo: "Cuando su mano izquierda se mueve, ha perdido, aunque no le golpeen." Por lo tanto, controlar el centro con la mano izquierda es esencial. En otras palabras, la mano izquierda es la que guía al *kensen*.

Muchos practicantes malinterpretan la idea de tener "poder en el *kensen*". Fuerza o poder en el *kensen* implica flexibilidad. Por ejemplo, incluso si su oponente intenta empujar su *shinai* hacia abajo desde el lado *omote* (su izquierda), puede realizar un movimiento de vuelta al centro sin esfuerzo y sin empujar hacia atrás forzadamente. Además, si su oponente intenta ejecutar una *waza* sin sentido, puede lanzar la punta del *shinai* hacia su garganta *(mukae-tsuki*) y hacerle saber que no era una abertura. Esto es lo que significa ser flexible. A menudo, la gente hace *mukae-tsuki* para anular el golpe del oponente porque les tomó desprevenidos. Los *kenshi* que no se acobardan ante el golpe de su oponente merecen crédito, pero no es bueno hacer *mukae-tsuki* como movimiento evasivo. Demuestra que se es incapaz de aprovechar las aberturas en los movimientos de su oponente. Ejecutar *mukae-tsuki* para controlar el ataque del oponente es importante, pero también lo es la capacidad de reaccionar con flexibilidad y contraatacar con *debana-waza*, *suriage-waza* o *kaeshi-waza*.

Si sólo emplea *mukae-tsuki* para evitar ser golpeado, está esencialmente diciendo que no es lo suficientemente flexible para hacer cualquier otro tipo de *waza*. La expresión "Si sólo hace *tsuki*, su *waza* morirá", advierte a la gente ante tal enfoque. (Es un juego de palabras. "*Tsuki*" del verbo *tsukiru* también significa "agotar" o "estar liquidado")

• Mantener su propio ritmo

A medida que se acerque poco a poco a su adversario, sentirá cierta tensión mental. Esfuércese por mantener su ritmo mientras perturba el de su adversario, y haga que se mueva según sus designios.

A medida que se enfrenta a su oponente y la distancia se va acortando, aumenta el deseo de golpear. En esta fase todavía está en igualdad de condiciones con su oponente. El secreto del éxito para salir de este punto muerto es entrar en un estado mental de confianza. Sin embargo, si está demasiado desesperado por golpear, perderá la compostura y se distraerá con los movimientos de su oponente. Es decir, si no está sereno, será incapaz de determinar si las aberturas en el *kamae* de su oponente y sus movimientos son genuinos, o intencionadamente ejecutados como una carnada para atraerle. Por ejemplo, podría ser engañado para incitarle a ejecutar un golpe descuidado dejándole abierto a *debana-waza* u *ōji-waza*. Esto indicará a los jueces que su oponente tiene el control del combate.

¿Son las aberturas el resultado de su *seme*, o fueron creadas intencionadamente para darle una falsa sensación de seguridad? Hay una gran diferencia entre un golpe realizado después de crear la abertura y uno que se conecta por casualidad. La intención es la clave, pero recuerde que un oponente fuerte también tiene sus propias intenciones, por lo que tiene que ser capaz de discernir lo que es real y lo que no.

En *Gorin no Sho*, Miyamoto Musashi escribió que hay dos tipos de "visión": *ken* y *kan*. Él dijo que *ken* es débil y *kan* es fuerte. *Ken* sólo ve la superficie, pero *kan* mira más profundamente en la mente del oponente. Si su oponente crea intencionadamente una abertura, sea paciente y mantenga su *kamae*. Así podrá mantener su ritmo. Después de ver a través del engaño, el oponente reaccionará si usted da unos pasos hacia adelante. Esto es esencialmente interrumpir su ritmo. Entonces intentará recuperar la compostura y, en algunos casos, le atacarán descuidadamente. Aproveche esta oportunidad y contraataque con *debana-waza* u *ōji-waza*. Esto sin duda impresionará a los jueces. Por el contrario, si intenta forzar a su oponente a actuar, pero sin éxito, esto podría jugar en su contra si se frustra. Debe tener paciencia. Esta batalla mental es importante, y los examinadores la aprecian en los exámenes para los grados *dan* superiores. Es crucial comprender que la paciencia es esencial.

(4) Oportunidades de golpeo y selección de la *waza*

- **Iniciar ataques**

A menudo escucho decir: "No aprobará un examen si no golpea al *men*", o "No debería golpear al *dō*". Es cierto que el *men* está ampliamente considerado como la piedra angular de las técnicas de kendo, pero los cuatro objetivos válidos son *men*, *kote*, *dō* y *tsuki*. Por ello, no debe centrarse únicamente en *men*. Sea flexible y aproveche cualquier oportunidad que se le presente. Por simple que parezca, a todo el mundo le cuesta. Leí en alguna parte: "Escuche con atención y percibirá un sonido; pero, aunque despeje su mente seguirá sin poder oír los pensamientos de su oponente. Lo mismo ocurre con las campanas. Puede seguir esperando que suene, pero esperar no es suficiente. Tienes que hacerla sonar físicamente para que suene. Para hacer que el corazón de tu oponente resuene, tiene que moverlo primero." En otras palabras, provoque y genere oportunidades.

Muchos examinandos tienen buen *kamae* y energía, pero no toman la iniciativa. A menudo veo combates en los que los candidatos se levantan de *sonkyo*, acumulan energía y luego intentan golpear. Por el contrario, algunos están tan ansiosos por iniciar los ataques que atacan en cuanto ven moverse a su oponente. A veces, ambos candidatos siguen intentando atacarse con la misma *waza*. O piensan que primero tienen que golpear al *men* y luego al *kote*. Todo esto es contraproducente.

Si espera hasta que se levante del *sonkyo* para concentrar su *ki*, ya es demasiado tarde. Su espíritu debe estar repleto desde que hace una reverencia a su oponente. De esta manera, ya ha tomado la iniciativa conforme se incorpora de *sonkyo*.

En el kendo de alto nivel, tomar la iniciativa es el factor determinante para la victoria. Pocos pueden permanecer completamente tranquilos cuando un adversario maniobra con confianza en su espacio. La mayoría de la gente se siente obligada a reaccionar. Por eso *seme* es la esencia del kendo. Al tener la iniciativa en el ataque, se crean más oportunidades. Hay que entrenar mucho para entender esto plenamente.

Cuando ataca o se defiende, o cuando se confunde y paraliza, el estado de su mente se manifiesta claramente en sus acciones. Busque estas pistas psicológicas y físicas en su oponente, y luego seleccione la *waza* correcta para tomar ventaja de la abertura en su defensa. Las buenas oportunidades sólo surgirán cuando usted las inicie. Esperar no le llevará a nada; genere oportunidades usted mismo.

• La *waza* nace de *seme*

Las *waza* se pueden clasificar en dos grupos: *shikake-waza* (técnicas que usted inicia) y *ōji-waza* (técnicas de contraataque). *Shikake-waza* requiere que golpee en el instante en que su oponente reacciona, o está pensando en reaccionar, a sus avances. *Ōji-waza* es la ejecución de técnica en respuesta al ataque del oponente. Aun así, el éxito de *ōji-waza* sólo es posible aplicando presión y haciendo que ataquen. Una buena *ōji-waza* no es reactiva, sino intencionada. A la vez que ejerce presión, da a su adversario la impresión de que tiene espacio para atacar. Invítelos a entrar y atáquelos cuando estén vulnerables.

¿Por qué la gente acaba golpeando cuando está bajo presión? Es porque la situación no les favorece y sienten la urgencia de dar la vuelta a las cosas y recuperar el control. En su desventaja, llegan a la precipitada conclusión de que golpear es la única forma de salir del problema. Como resultado, los ataques se inician sin una preparación mental adecuada, y el problema se hace más profundo.

(5) Golpes

Aplicar una técnica válida durante un examen influye considerablemente en el resultado. Usted está obligado a golpear los objetivos con precisión, pero debe ser una conclusión lógica del proceso anterior de *seme*. Los golpes deben ajustarse a los fundamentos prescritos, estar llenos de energía y espíritu, y los movimientos anteriores y posteriores deben "impresionar el corazón de los jueces". Usted no impresionará a nadie a menos que dé todo de sí en un golpe.

Lo que decide si dichos golpes se consideran válidos o no es una preocupación monumental. Tomemos como ejemplo el golpe al *men*. En el momento en que su *shinai* hace contacto con el *men* del oponente, ya está consiguiendo impactarlo, pero aún no es considerado un golpe válido. Sólo se considera válido cuando se ha completado todo el proceso. Completar el golpe significa continuar el impulso después de hacer contacto, y seguir adelante mientras mantiene su postura física y mental. El

punto de impacto en sí es obviamente importante, pero completar el proceso de golpeo es el factor decisivo para conferir validez.

Conseguir un *ippon* es crucial en un examen, pero no se contabilizará si sucede por accidente. La forma más eficaz de prepararse en un *keiko* es conocer la importancia de marcar el *shodachi* (primer golpe) en todos sus combates. Tenga la determinación de hacerse con el primer golpe sin importar a quién se enfrente, y asegúrese de completar el golpe.

Otro aspecto vital es acumular tensión (*tame*) antes de golpear. A menudo escuchará a un *sensei* comentar: "Sus golpes no *tame* (tensión)". ¿Qué es *tame*? Es difícil de explicar, pero yo lo interpreto como estar preparado y acechar al adversario. En el instante en que se sobresalte y empiece a moverse, ataque sin piedad el inicio de su movimiento liberando toda esa tensión acumulada. Si está demasiado ansioso por golpear, es probable que ejecute su *waza* antes de que su oponente se mueva. Por el contrario, si espera demasiado, se congelará y no podrá aprovechar las oportunidades. *Tame* puede entenderse como un término medio entre el afán excesivo y la pasividad. La única manera de poder golpear con tensión acumulada es mediante la práctica constante de *keiko*.

En un examen, es poco probable que se consideren los golpes que no son lo suficientemente fuertes o precisos. La gente tiende a pensar que los buenos golpes están determinados por el control de las manos. Aunque la manipulación sutil de las manos (*tenouchi*) es fundamental para que el golpe sea nítido y decisivo, no hay que olvidar el uso de los pies. El pie derecho es el "pie *seme*", y el izquierdo es el "pie de potencia". Cuando golpee, arranque con el pie izquierdo y de un pisotón hacia delante con el derecho mientras levanta el pie izquierdo inmediatamente en el punto de impacto. Cuanto más fuerte empuje con el pie izquierdo, más rotundo será el pisotón del pie derecho.

7. Su mejor arma es su espíritu

Abrume a su oponente con su energía y espíritu, y luego ejecute la *waza*. Tiene muy poco tiempo en los exámenes para mostrar sus habilidades. Para demostrar con éxito un espíritu fuerte e indomable, es útil imaginar que el combate es un duelo a muerte con espadas reales; es decir, que, si pierde, perderá la vida. Los golpes deben hacerse con *sutemi* (convicción absoluta). El espíritu que más reluzca decidirá el resultado.

Los candidatos reprobados se sentirán abatidos. "Aunque golpeé a mi oponente, no aprobé. ¿En qué me he equivocado?" De nuevo, permítame resumir los criterios para considerar un golpe como válido: lleno de espíritu, postura correcta, *zanshin*. Un espíritu indomable es la base de su *waza*. Si falta esto, puede dar en el blanco, pero nunca se considerará un corte válido.

Los siguientes incidentes demuestran a lo que me refiero

con "espíritu". En el Campeonato de exhibición (*embu*) de la Prefectura de Chiba, en abril de 2008, pensé que mis ataques de *men* y *kote* eran lo suficientemente buenos como para puntuar. Mi sensei, que observó el encuentro, también opinó lo mismo. *Hanshi* 8º *dan* Iwadate Saburo-*sensei*, sin embargo, dijo que carecía de una "energía adecuada". No entendí lo que quería decir, pero tuve la oportunidad de recibir instrucción de él en varias ocasiones posteriormente. En cada ocasión me decía que "aún me faltaba energía". Justo antes de mi examen de 8º *dan*, Iwadate *sensei* me dijo que mostrara mi espíritu de lucha. Siguiendo su consejo, pude obtener el 8º *dan* en ese examen.

En otra ocasión, participé en un seminario de preparación para examen en Tokio. Se hizo hincapié en la importancia de enfrentarse al adversario con un "espíritu implacable". Me dijeron que, si el nivel de energía del oponente es 100, el mío debería ser 120. Si la energía del adversario es de 120, la mía debería ser de 150. La moraleja es que la energía de uno siempre debe superar a la de su oponente.

Las técnicas de kendo tienen su origen en los combates a muerte con espada. Seguro que todos lucharían con todas sus fuerzas en un combate mortal. Los exámenes de promoción no son diferentes. Una vez que se levante, debe mostrar un espíritu superior que el de los otros candidatos. Su oponente y los jueces deben sentir su espíritu al mismo tiempo.

Los que tienen un espíritu fuerte lo muestran en sus ojos: están repletos de vida. Por el contrario, los que tienen un espíritu apagado tienen ojos que reflejan debilidad. Abrume al oponente con su espíritu, y cuando se manifiesten aberturas en su mente, *kamae* o acciones, golpee con absoluta convicción. Incluso si el golpe no es válido, seguirá teniendo valor.

Ciertamente, destacaran aquellos candidatos que asfixian a su oponente con su espíritu y golpean con una convicción implacable. Recuerde que el seguimiento (*zanshin*) tras el golpe también es crucial. Así, todo el proceso compuesto de asediar, golpear y seguir hasta la siguiente oportunidad debe representarse en un movimiento fluido y armónico. Para tal propósito, un espíritu indomable es la esencia del kendo.

8. Paciencia tras el golpe

Los jueces prestan atención a cómo se desarrolla un encuentro después de que se haya marcado un golpe válido. Si es capaz de ejecutar un golpe con éxito primero, eso le dará una ventaja mental; pero ¡puede empezar a entrar en pánico si le marcan uno en contra primero a usted! Por lo tanto, es crucial dar el primer golpe. Uno de los criterios que los examinadores deben tener en cuenta es la proporción de puntos válidos. Supongamos que obtiene un punto válido indiscutible, la forma en que continúe la lucha después de esto determinará si aprueba o reprueba. Puede que sienta un fuerte impulso de conseguir otro, pero si intenta golpear apresuradamente mientras "el hierro está caliente" y acaba siendo golpeado en su lugar, su anterior *ippon* se considerará discutible.

Una enseñanza secreta de la escuela Yagyū-ryū de esgrima dice que: "Seguir la iniciativa de su oponente es la clave de la victoria" Suena contraintuitivo, pero yo lo interpreto como que debe intentar que su oponente le ataque. Le "sigue la iniciativa" porque le "lleva a que tome la iniciativa..." En otras palabras, usted debe llevar la voz cantante. En este sentido, la paciencia es vital tras completar un ataque con éxito. Permítales demostrar lo desesperados que están.

No diluya su técnica decisiva con golpes posteriores superfluos y sin sentido. Si el combate terminase en ese momento, su oponente perderá debido al *ippon* que usted marcó. Sabiendo esto, se agitará y se impacientará por recuperar el punto. Aguante y reprima sus intentos. Si puede responder a su oponente exactamente de la forma descrita en la enseñanza de Miyamoto Musashi "*makura no osae*" (cortar de raíz la técnica del enemigo), le pondrá aún más frenético. La desesperación conduce a la inestabilidad, e incluso a aberturas que puede aprovechar a discreción. Esto presenta una buena oportunidad para ejecutar varias *waza*. Si puede hacerlo, usted sobresaldrá por encima del resto de los candidatos. Por ende, la paciencia es la diferencia crítica entre los que aprueban y los que no.

9. Mantener la compostura en el recinto

Mantener la concentración hasta el final del examen es un factor importante para el resultado. Todos los candidatos se han sometido a un riguroso régimen de entrenamiento para prepararse, aunque los compromisos familiares y laborales limiten el tiempo en el *dojo*. Hacer exámenes también es una carga económica por los gastos de transporte y las cuotas, entre otros aspectos. Cada vez que repruebe tiene que pagar por otra evaluación, razón de más para querer aprobar.

Ahora bien, usted llega al recinto decidido a conseguir su objetivo. Hasta aquí, todo bien. El problema es que, una vez allí, es probable que se encuentre con conocidos. Empezará a disfrutar del reencuentro y de una agradable charla. Aunque haya estado entrenando duro y tratando de mantener la concentración, esto puede distraerlo y corre el riesgo, por ende, de fracasar. Puede parecerle grosero, pero absténgase de hablar con los demás. Nunca comprometa su enfoque o concentración.

Tras pasar la primera fase del examen de 8º *dan*, me senté en un asiento de la grada superior del recinto y me negué a conversar antes de la segunda fase. Para ser sincero, no pude evitar sentirme nervioso. A todo el mundo le pasa, pero debe aprender de algún modo a ignorar su ansiedad. Si puede superar su nerviosismo, aprobar el examen será más probable.

10. *Keiko* después del examen

Todo el mundo entrena duro para los exámenes y, curiosamente, los que aprueban de repente se entusiasman aún más con el entrenamiento. Por el contrario, los que fracasan pueden perder la motivación. Algunos pueden incluso dejar de entrenar durante un tiempo. Todos sabemos lo decepcionante que es ver los sueños truncados, pero lo importante es seguir entrenando. Si deja el *keiko* porque ha fracasado, parecerá que todo el propósito de su estudio del kendo es acumular grados. Tal reacción es lamentable. Por mucho que duela, convierta el dolor en motivación y empiece a prepararse para el próximo examen. Si fracasa y experimenta una decepción, vuelva a "subirse al caballo" y entrene aún más duro. Esto es lo que se supone que es el kendo.

Otra cosa que me gustaría señalar es que nunca hay que

quejarse del resultado. Los comentarios como "Mi oponente hacía kendo raro" no son más que una excusa. A lo mejor les dirán exactamente lo mismo a sus amigos sobre usted. Culpar a sus oponentes de sus fracasos significa que es felizmente inconsciente de su propia falta de habilidad.

Los que aprueban, en cambio, a veces dicen: "Tuve suerte de tener un buen oponente." Es lo mismo que afirmar que ha tenido éxito sólo porque su oponente ha sido complaciente, y que ha sido pura suerte. También podría estar admitiendo que no merece dicho resultado. El kendo requiere trabajar con los demás, pero no es aceptable hacer recaer la responsabilidad del éxito o el fracaso en el otro. Es una evasiva o negación. Entrene con tal dedicación para que no importe el rival contra quién se enfrente.

CAPÍTULO 2
Cultivar su propia filosofía del kendo

Nosotros comúnmente decimos que "practicamos" deportes, no obstante, al entrenamiento en las artes tradicionales japonesas o *Budo* se le denomina "*keiko*". El significado literal de "*keiko*" es "reflexionar sobre los usos antiguos" o "estudiar cosas antiguas". En otras palabras, significa contemplar las enseñanzas de nuestros predecesores, haciendo hincapié en la importancia de la actitud mental de cada uno hacia dichas artes. Como practicantes de kendo, debemos ser conscientes de nuestra responsabilidad de preservar las tradiciones de esta valiosa cultura y transmitirlas a las generaciones futuras. Al reconsiderar el significado del *keiko* y entrenarnos en consecuencia, creo que podremos desarrollar una filosofía de kendo aún más vibrante y relevante para las nuevas generaciones.

1. *Kirikaeshi* y *uchikomi* fomentan la fuerza

Kirikaeshi y *uchikomi* son tipos importantes de *keiko* que ayudan a solidificar los cimientos de su kendo. Es difícil para la gente normal conseguir tiempo suficiente para entrenar debido a los compromisos laborales o familiares, por lo que la mayoría acaba haciendo principalmente *ji-geiko (gokaku-geiko*), y no tanto *kirikaeshi*. Debe esforzarse por hacer *kirikaeshi* y *uchikomi*.

El *kirikaeshi* ideal se describe como "grande, fuerte, rápido y ligero". Cuando un principiante hace *kirikaeshi*, necesita ejecutarlo con un movimiento grande y correcto, y se hace gradualmente más fuerte con el tiempo. Cuanto más entrene, más rápido, ligero y elegante será el movimiento.

Kirikaeshi es una combinación de golpes al *men* alternando de direcciones entre cortes verticales *(shōmen*) y diagonales (*sayū)*; este ejercicio es un método de *keiko* que le ayuda a dominar los movimientos más básicos. A menudo veo a practicantes de kendo golpear al *men*, luego dar cuatro pasos hacia delante golpeando en diagonal al *men* de izquierda a derecha, luego cinco pasos hacia atrás con el mismo patrón, y finalmente terminar con un último golpe vertical al *men*. Este es el método básico de *kirikaeshi* para instruir a principiantes. Originalmente, nunca se decidía cuántos golpes se darían; en su lugar, el atacante seguía las indicaciones del *motodachi*, golpeando tantas veces como fuera necesario y terminando cuando se le autorizaba.

Uchikomi-geiko es cuando el *motodachi* crea intencionadamente aperturas para golpear sucesivamente. Es crucial que todos y cada uno de los golpes cumplan los requisitos de un *ippon*. El atacante tiene que mantener constantemente en mente la postura, el espíritu, su *maai*, lo aguzado del *tenouchi* (manipulación de la mano en el agarre), el juego de pies y el control de la respiración, y hacer que cada golpe cuente. Es fácil decir que cada golpe debe ser un *yūkō-datotsu*, pero en la realidad esto es muy difícil de conseguir.

Cuando era miembro del *tokuren* (escuadrón antidisturbios) en la policía, visité varios lugares para hacer *keiko*, y recibí una invaluable instrucción de muchos *sensei* diferentes. Por aquel entonces, el *keiko* terminaba con *uchikomi* o *kakari-geiko*, y *kirikaeshi*. Agradecíamos cuando recibíamos golpes válidos por parte del *sensei*, y luego procedíamos a realizar *uchikomi* y *kirikaeshi*. Si el contenido y la calidad de nuestro *keiko* eran de baja calidad, el *uchikomi* y el *kirikaeshi* duraban indefinidamente. Nos quedábamos completamente sin aliento y jadeando sin energía alguna. Este es el tipo de *keiko* que le ayuda a cultivar la verdadera fuerza. En aquel momento me pareció insoportable, pero ahora estoy verdaderamente agradecido por aquella estricta instrucción.

Hoy en día, no hay mucha gente que pida *uchikomi* y *kirikaeshi* después de *keiko*, lo cual es una pena. Me pregunto cuánta gente comprende la importancia de *uchikomi* y *kirikaeshi*. Hacer solo *ji-geiko* no le ayudará a desarrollar fuerza. *Uchikomi* y *kirikaeshi* son difíciles de ejecutar, pero precisamente por eso tienen beneficios posteriormente. Imagino que la mayoría de la gente quiere evitarlo, pero *uchikomi* y *kirikaeshi* le conducirán a una mejora significativa incluso si su tiempo de práctica es limitado.

La instrucción básica es la forma más rápida de mejorar. Hay un dicho que dice: "Aprendiendo lo básico, creará los cimientos sobre los que aplicar lo básico. Para alcanzar un nivel superior de desempeño, hay que aprender los fundamentos aún más a fondo." Así que, si no sabe qué hacer, vuelva a lo básico. De hecho, vuelva a lo básico, aunque aparentemente no lo requiera.

2. *Keiko* "sin sinceridad"

La única forma de aprobar un examen de grado es entrenando. Para hacerlo con eficacia, planifique cuánto tiempo va a dedicar a cada cosa y desarrolle sistemáticamente su fuerza. No obstante, a veces no aprobará un examen, aunque tenga lo necesario a nivel técnico. Simplemente en ocasiones no podrá demostrar su verdadera habilidad. Una de las posibles razones ante este hecho podría ser que el contenido de su entrenamiento se aleja de lo que es un examen real.

En concreto, debe abstenerse de hacer *keiko* "sin sinceridad". En otras palabras, dé siempre lo mejor de usted, independientemente de la situación. Todo el mundo se esfuerza durante el *keiko* con su *sensei*. Desafortunadamente esto no es consistente, y la gente tiende a relajarse cuando entrenan con gente de su mismo nivel o inferior. Olvidan los consejos de su *sensei* y siguen repitiendo su defectuosa rutina cuando no se les vigila. En japonés, esto se conoce como "*hoi hoi kendō*" (kendo sin sentido); carece de seriedad. Los *kenshi* que entrenan así no tendrán éxito. Incluso si tienen la suerte de aprobar, dudo que su nota represente su verdadera habilidad. Puedo garantizar que experimentarán dificultades extremas en futuros exámenes.

No importa con quién esté entrenando, o cuál sea su grado, sigua las directrices que reciba de su *sensei*. Esto es lo que hace que su kendo mejore. Puede que sea difícil romper la compostura de su *sensei* con su *seme*, pero si se enfrenta a los de un grado similar o inferior con el mismo tipo de pasión y determinación, asestará golpes de los que todo el mundo, incluida la víctima, se asombrará.

No hay mejor *keiko* que el que se hace con *aiki*, donde ambos practicantes están totalmente comprometidos y dando el 100%. Siempre es significativo, sin importar lo corto que sea el *keiko*. Un *keiko* que carece de seriedad es una completa pérdida de tiempo, y no será bien considerado. No hay *keiko* más desagradable que cuando los dos protagonistas están desprovistos de *ki*.

Los jueces no tienen tiempo de observarle durante cinco minutos, y mucho menos durante diez, por lo que en su *keiko* diario debe centrarse en marcar golpes válidos en poco tiempo. En el examen, no tendrá el margen de maniobra que normalmente tiene en un *keiko* habitual. Por lo tanto, haga que los objetivos de su examen sean la base de su *keiko*.

3. La actitud correcta

(1) *Keiko* con un *kenshi* de grado superior

Cuando hace *keiko* con un *sensei* de grado alto, debe sentirse agradecido por la instrucción. Al mismo tiempo, tiene que sentirse "igual" cuando se trata de marcar el *shodachi*, y apuntar con toda su mente a conseguir el primer golpe válido. En otras palabras, piense del *keiko* como un *ippon-shōbu*, un combate a un punto. Aunque consiga el *shodachi* contra el *sensei*, nunca baje la guardia ni se congratule por haber obtenido el primer punto. Nunca retroceda, bloquee o evite los cortes. Dé el 100% y ataque siempre que pueda.

Esto significa que evite hacer un kendo engañoso o artero como el que podría hacer en una competición. En lugar de eso, enfréntese a su *sensei* y haga el mejor kendo que pueda. Si está demasiado concentrado en encontrar huecos para golpear y evitar que le golpeen, esto indica que su mente está preocupada por el resultado. Un *keiko* así no tiene sentido y es de poco valor.

Incluso, hacer *keiko* como si tuviera el mismo nivel está fuera de lugar. La formación de hoy en día es diferente a la de mi juventud. A menudo es imposible distinguir entre el *sensei* y el alumno. El alumno se limita a esperar a que el *sensei* ataque, y luego intenta golpear su *kote* a medias. Pase lo que pase, ataque con total entrega; después del *keiko* debería estar agotado y no quedarle nada. Este tipo de *keiko* conduce a la mejora. Aunque sea corto, es rico en contenido. Un *keiko* con su *sensei* debería dejarle completamente exhausto.

(2) *Keiko* con un *kenshi* del mismo grado

El *keiko* con personas del mismo grado *(gokaku-geiko)* es tan importante como el *keiko* con un *sensei*. En los exámenes, las personas de edad y nivel similares se emparejan entre sí, por lo que el *keiko* con ellas le ayudará a determinar sus capacidades. Piense en el *gokaku-geiko* como un simulacro de examen. Preste atención a su postura, *seme*, golpes y *zanshin*. Es una oportunidad perfecta para poner a prueba su paciencia, o si su *waza* es eficaz o no, entre otros aspectos. Si se siente satisfecho con el *keiko* en general, significa que está un paso más cerca del *dan* (grado) que quiere conseguir.

Al hacer *gokaku-geiko*, es contraproducente querer

golpear y evitar ser golpeado mediante bloqueos, esquives y agacharse continuamente. Si le golpean, significa que su oponente ha encontrado un punto débil, y debe sacar mucho provecho de ello. Haga *keiko* con humildad y gratitud.

(3) *Keiko* con un *kenshi* de grado inferior

Hay dos métodos de *keiko* con un *kenshi* de un grado inferior: uno en el que intenta mejorar sus habilidades; el otro en el que intenta mejorar las habilidades de su oponente.

En primer lugar, ¿cómo puede utilizar este tipo de *keiko* en su beneficio y mejorar sus propias habilidades? La respuesta es sencilla: no se lo tome con calma. Todavía necesita *aiki* y estar igualmente comprometido. Algunas personas nunca dan lo mejor de sí mismas cuando se enfrentan a rivales de menor nivel. Se trata de un *keiko* sin sentido que sólo satisface el hambre de la gente por marcar aparentemente con facilidad.

Participar en un *keiko* con un *kenshi* de nivel inferior es importante para aprender *riai,* los principios que subyacen a las técnicas. También es una oportunidad perfecta para experimentar con la *seme*, así como para mejorar sus habilidades de golpeo. Emprenda un keiko con el entendimiento de que es la mejor opción para aprender las oportunidades de golpear. En otras palabras, asegúrese de que lo necesita para aprender a poner en práctica la teoría.

El segundo tipo de *keiko* aumenta la mejora en el practicante de nivel inferior. Conocido como "*hikitate-geiko*", enseña a *kakarite* la alegría de golpear con éxito, así como el momento adecuado para atacar. El *kakarite* suele entrenar con un objetivo determinado, como por ejemplo intentar dominar las técnicas básicas. Esto significa que el *motodachi* desempeña un papel importante a la hora de orientarles en la dirección correcta. Durante el *hikitate-geiko*, el *motodachi* hace que el *kakarite* sienta la severidad de *seme*, y lo que constituye un golpe sólido. Esta experiencia les ayudará a mejorar enormemente más adelante.

Tanto usted como su oponente son como una piedra de afilar, que se utilizan mutuamente para pulir la técnica y la mente del otro. Cuando se es *motodachi*, no hace falta decir que tiene la responsabilidad de ayudar al *kakarite* a mejorar tanto su técnica como mentalmente. Cuando esté dirigiendo un *shidō-geiko*, haga que *kakarite* piense: "Me alegro de haberle pedido que entrene conmigo. Quiero hacerlo de nuevo" Lo último que quiere es que piensen: "No quiero volver a entrenar con ese *sensei* ". Prepárese adecuadamente y evite realizar una sesión de entrenamiento poco estimulante. Que sea energético y significativo para todos los implicados.

Aproveche la oportunidad para pulir su "sentido de la intuición", o "*kizashi*". Las aperturas identificadas con *kizashi* no son visibles, pero se sienten en la mente por las ligeras fluctuaciones del *ki*. La interacción más satisfactoria en kendo es tener la confianza para atacar basándose en el *kizashi*. Esto sólo se consigue si es capaz de indagar profundamente en la mente de su oponente. Si golpea sin rumbo, nunca podrá mejorar su sensibilidad a los flujos y vaivenes del *ki*.

4. Forjando el *ki*

Todo practicante de kendo tiene un "muro de *ki*", pero ese muro es delgado y frágil si no hay suficiente entrenamiento. Cuanto más se entrene y más experiencia se adquiere, más gruesa y fuerte se vuelve esa pared. Al hacer *keiko* con un *kenshi* de alto grado, a menudo se encontrará incapaz de golpear por mucho que lo intente. Su muro invisible se cierne sobre usted, le asfixia y le deja incapaz de moverse. Entonces termina siendo golpeado en su lugar.

Es fácil entender los golpes que prefieren los jueces: son aquellos en los que el *ki* del atacante es fuerte. Las oportunidades de golpear que surgen a través de la acumulación de *ki* se valoran mucho; mientras que los golpes ejecutados con velocidad, pero sin intención ni sentimiento se consideran simplemente "golpes" y no se les da mucha credibilidad.

Una forma eficaz de alimentar su muro de *ki* es liberarlo contra un practicante más experimentado. El *ki* le rebotará. Esto permitirá que su *ki* crezca de forma lenta pero segura, y su pared se hará más gruesa y fuerte con el tiempo.

Al atacar a un *sensei* de alto nivel, aunque se sienta presionado por su *ki*, y sepa que está destinado a ser golpeado y contraatacado, nunca debe retroceder. Esta es la única manera de forjar su *ki*.

El *sensei* le dirá que entrene con gente mucho más fuerte que usted, y que les ataque sin vacilar. Esto se debe a que saben que el *ki* sólo puede cultivarse mediante el trabajo duro. *Gokaku-geiko* y *keiko* con *kenshi* menos hábiles pueden ayudarle a mejorar su técnica, pero tienen poco efecto en nutrir su *ki*. Para ello, buscar y desafiar a *kenshi* más fuertes es el único camino por seguir, aunque le puedan destrozar en el proceso. Supere este miedo y disfrute de las dificultades.

5. Considere "*kyojitsu*"

Kyo (vacío, no preparado) indica una debilidad o una abertura. *Jitsu* (estar repleto de *ki*, preparado) es lo opuesto. Nunca golpee al adversario cuando éste se encuentre en estado de *jitsu*. Aguarde e intente crear una abertura en su "campo de fuerza" *jitsu*. El agujero, aunque fugaz, es una *kyo*. Hay tres tipos de aberturas: en la mente, en la postura y en el movimiento. Estas aberturas no son entidades separadas, sino que están estrechamente relacionadas. La forma en que se crea este hueco en el choque de voluntades es un elemento central en la percepción de la calidad del golpe.

Si bien es cierto que es importante identificar una abertura en las defensas del adversario, el proceso que conduce a ella es primordial. Ningún *kenshi* muestra voluntariamente una *kyo*. Para explicarlo mejor, el *jitsu* (la fuerza de uno) se lleva como una armadura por fuera, pero la *kyo* (la debilidad) se esconde debajo. Para encontrar una abertura oculta, tiene que atravesar el muro de *jitsu* de su oponente. Su determinación para abrirse paso se denomina *sen* (tomar la iniciativa), y *seme* (ejercer presión). El muro de *jitsu* de un principiante es delgado y se rompe fácilmente, pero cuando se trata de expertos entrenados, el *jitsu* es más fuerte y difícil de penetrar.

No importa cuántas veces sea repelido por el campo de fuerza de su oponente, se requiere perseverancia y confianza en uno mismo. Incluso penetrar un milímetro es una hazaña significativa. Entrenar continuamente con esa determinación le dará una base sobre la que construir en el futuro. Se convierte en la fuerza motriz de su *seme*. Una vez que entienda esto, sabrá qué tipo de *keiko* necesita hacer.

Hanshi 9° *dan* Narazaki Masahiko-*sensei* dijo: "Es imperativo encontrar una abertura basada en el *kyojitsu*, pero a veces necesita tener el suficiente espíritu para enfrentarse al *jitsu* de su oponente con su propio *jitsu*, y golpear para ganar." Tanto si practica *keiko* con personas de nivel similar, superior o inferior al suyo, tener presente la noción de *kyojitsu* le llevará a otro nivel. Puede que no dé frutos de inmediato, pero más adelante lo hará.

Cuando observo el *keiko* de los estudiantes de secundaria y bachillerato hoy en día, no muestran ningún indicio que haga suponer que están desafiando a su oponente. Parecen más interesados en esperar un golpe de suerte que en encontrar la manera de atravesar el muro del adversario y hacerle bajar la guardia. Esto es kendo pasivo y oportunista. Empiezan defendiéndose y continúan así el resto del encuentro. Esto tiene mucho que ver con la forma en que se les enseña. En este sentido, es fundamental que todo el mundo reconsidere la verdadera naturaleza del kendo. Siempre hay que indagar, siempre hay que estar preparado y siempre hay que tomar la iniciativa.

6. ¿Coincide su kendo con su *dan*?

Al sentir la presión de expresarse durante los exámenes, los candidatos se vuelven bastante frenéticos. Los jueces evaluarán su kendo de acuerdo con los criterios establecidos en el artículo 14 del "Reglamento para Certificados de Título *Dan/Kyu* y *Shogo* " (*All Japan Kendo Federation*). Ya es bastante difícil aprobar un examen, pero aún lo es más seguir haciendo un kendo que esté a la altura del grado que recibe. ¿Quién juzga su grado y habilidad en el *dojo*? Nadie anuncia que tiene un determinado *dan*. Su verdadera habilidad está siendo evaluada constantemente por sus oponentes durante el *keiko*, por los que esperan entrenar con usted y por los que simplemente observan. Realice su *keiko* de forma que digan: "Por supuesto que es X-*dan*" Pase lo que pase, su *keiko* no debe hacerles decir: "Caray, ¿de verdad tiene X-*dan*?"

Los criterios para otorgar los grados *dan* y *kyū* se establecen en el artículo 14 antes mencionado. Además, el artículo 16 establece cuántos años de formación son necesarios antes de poder intentar el siguiente grado. ¿Por qué existen estos requisitos? Significa que tiene que aprovechar los años sabiamente y estudiar con diligencia para cumplir los criterios del siguiente nivel.

Procuro aconsejar a la gente que se fije objetivos concretos y se esfuerce por seguir mejorando para poder mantener la cabeza alta después de aprobar su examen. Por ejemplo, si el grado en cuestión es 5º *dan*, debe aspirar al 5.1-*dan*, 5.2-*dan*, 5.3-*dan*, y así sucesivamente. Con el tiempo y el entrenamiento acumulado debería llegar a 5.9-*dan*. Esto le diferenciará de sus compañeros y significará que su derecho a ese grado es indiscutible.

7. Reconocimiento de golpes insuficientes

Haya examen de promoción o no, todo el mundo puede identificar lo que es un corte perfecto: acechar al oponente, crear una abertura y luego golpear inmediatamente para tomar el *ippon*. Sin embargo, es más fácil decirlo que hacerlo, simplemente porque el adversario intenta hacer lo mismo. Podría quejarse: "Golpeé a mi oponente, pero no lo reconocieron." Este tipo de comentarios suelen dirigirse a los árbitros en un combate perdido o a los examinadores en un examen reprobado. El que se queja parece insistir en la validez de un golpe, como si de alguna manera supiera más.

Todo el mundo golpea a su oponente esperando (o deseando) que se cuente como *ippon*. Esto es un pensamiento subjetivo, no objetivo. Un *ippon* ideal es aquel que convence tanto al adversario como a los árbitros o examinadores. Además, también hay que convencer a los espectadores.

Hacer *keiko* con cortes que son sólo 99% eficaces nunca será suficientemente bueno. Esfuércese siempre al 100% en su *keiko* habitual, de lo contrario también acabará trasladando la culpa cuando no se reconozcan sus intentos.

8. Buscar y aprender

Hay varias formas de comprometerse con el *keiko* dependiendo de la persona, su posición y el entorno. Sean cuales sean sus circunstancias, intente tener objetivos claros y sentir pasión por lo que hace. Muchas personas tienen que compaginar la formación con el trabajo y la familia. A pesar de los sacrificios requeridos, hay que ser proactivo. Si entrena siempre con las mismas personas y en el mismo lugar, se acostumbrará a ese entorno y perderá la sensación de tensión que debería estar siempre presente. Se convertirá en *keiko* por el propio *keiko*.

Nunca sabe con qué estilo le atacará su oponente en los exámenes o en los torneos. Por eso debe salir de su zona de confort e ir en busca de nuevos adversarios. Si puede, visite un nuevo lugar para entrenar además de su lugar habitual. Esto le ayudará a aprender a enfrentarse a *kenshi* con diferentes estilos, y su kendo será más versátil. También podrá trabajar en los problemas inesperados que encuentre por el camino.

Otra cuestión a tener en cuenta son sus aspiraciones de mejora. Todos los *kenshi* deben tener voluntad de aprender. Siempre hay seminarios y campos de entrenamiento donde se pueden adquirir conocimientos útiles. Practique lo que aprenda y compruebe si le funciona. Si es así, piense cómo va a "hacerlo suyo". Este tipo de experimentación mejorará su kendo y le mantendrá estimulado.

Por desgracia, hay algunos *kenshi* de alto rango que carecen de esta actitud de aprendizaje. Aunque quienes les rodean les llaman "*sensei*", los alumnos que aprenden con ellos no tienen un verdadero modelo a seguir. Como *sensei*, esto constituye una grave negligencia.

El entrenamiento de kendo es un camino duro que no tiene fin. Aunque no vea la luz al final del túnel, buscar activamente la luz de todos modos es la esencia del entrenamiento de kendo. Cuando llega a ser lo suficientemente bueno como para que se refieran a usted como "*sensei*", puede encontrarse revolcándose en la autocomplacencia. Tenga cuidado.

9. *Keiko* en solitario

A través del *shinai*, usted y su oponente se muestran mutuamente sus defectos, lo que conduce a una mejora mutua. *Hitori-geiko* (*keiko* en solitario) es útil para trabajar en sus deficiencias. Existen dos tipos de *hitori-geiko*: el entrenamiento en solitario para adquirir habilidades técnicas y para el desarrollo de la fuerza mental.

Uno de los ejercicios más comunes es el *suburi*. Los swings de práctica son eficaces para perfeccionar el *tenouchi* y el peso de los golpes. Hacer *suburi* no sólo es indispensable para los principiantes, sino para cualquier persona que practique kendo. Muchos *kenshi* también aprenden alguna forma de *koryū* (artes marciales clásicas o antiguas) junto con su kendo habitual. Esto expone aspectos técnicos y mentales de la esgrima no tan evidentes en el deporte marcial moderno.

Algo que puede ayudar a la fortaleza mental es la meditación Zen. Los espadachines de antaño enriquecían su fuerza mental a través del Zen, y se disciplinaban para poder forjar una "mente inamovible". Cultivar la dignidad y la gracia requiere un entrenamiento en solitario para mantener la mente quieta. Sorprenderse y sucumbir al miedo proviene de un movimiento de la mente, y éste está directamente relacionado con la respiración. Si se queda sin aliento durante el combate, significa que su mente está perturbada.

Es importante dominar las técnicas de respiración. Actualmente el estilo más popular es el método de respiración *tanden* (parte inferior del abdomen). Este consiste en inhalar rápidamente y exhalar lentamente durante el mayor tiempo posible utilizando los músculos abdominales. Puede fortalecer su *tanden* de esta manera, y también aumentar sus reservas de *ki*. Al potenciar el *ki* en su *tanden*, no perderá el aliento tan fácilmente en medio de los intensos intercambios de técnicas. Estará rebosante de energía, y eso le permitirá atacar a su oponente sin vacilar. Por esta razón, algunas personas incluso describen el proceso de acechar del kendo como un intento de perturbar la respiración del otro.

Al inhalar, se encuentra en estado de *kyo*, y por tanto es vulnerable. Eso es particularmente peligroso después de soltar un *kiai*. Inhale rápidamente para que su oponente no se dé cuenta. Al exhalar, esto es *jitsu*, y estará estable y listo para continuar. Ataque a su oponente mientras exhala. El *ki* que genere en su *tanden* se transferirá a su puño izquierdo, luego a su *shinai*, y finalmente se manifestará en la punta de su espada. Exhale bruscamente al golpear. Este tipo de respiración es fundamental en kendo. Hay un dicho que dice que "la respiración y el *ki* están unidos". Fortalecer la mente y forjar el *ki* está inextricablemente ligado al dominio de la respiración.

También recomiendo un entrenamiento físico de recuperación. Los jóvenes *kenshi* dependen más de la fuerza física en el *keiko*. No cabe duda de que notará un declive físico a medida que envejezca. Muchos *kenshi* se dan cuenta de que los golpes que solían dar a partir de cierta distancia *(maai)* se vuelven gradualmente imposibles de realizar. Hay que hacer ajustes físicos a medida que uno envejece, y aquí es donde la importancia del *ki* se hace más evidente.

El *ki* no puede desarrollarse a menos que se entrene físicamente, como con la máxima: "Una mente sana en un cuerpo sano". Entrenando las piernas y las caderas, su *ki* será más completo y su estilo de *keiko* será más sólido. Es ideal ejercitar la parte inferior del cuerpo para aumentar la resistencia y seguir trabajando los aspectos básicos. Para ello, los beneficios del *hitori-geiko* son inmensos.

10. Discipline su mente en la vida cotidiana

El kendo no se limita al *dojo*. Por supuesto, el *dojo* es su principal lugar de entrenamiento, pero es posible disciplinar su mente en su vida diaria abrazando la adversidad en lugar de huir de ella. Por ejemplo, realizar *keiko* en verano, aunque sepa que hará mucho calor, o estar descalzo en el suelo en invierno, aunque haga mucho frío son circunstancias adversas, y es muy fácil encontrar una excusa para no hacerlo. Levantarse por la mañana es una buena forma de entrenar la mente para "volverse fuerte". Estoy seguro de que la mayoría de la gente confía en un despertador para levantarse. ¿Por qué no salta inmediatamente de la cama en lugar de utilizar la función de repetición cuando apaga la alarma? Esto es como *sutemi*. Cuando piense así y se ponga en acción al comienzo del día, esto tendrá un efecto positivo en su *keiko*.

"*Zengo saidan*" es una enseñanza que significa: "El ayer no importa, el mañana tampoco. Lo que importa es el presente, así que viva el momento." Apreciar cada segundo y cada momento ayuda a desarrollar su *ki*. Todo depende de su nivel de motivación para lo que sea que esté haciendo. Si está intentando cultivar su espíritu, pero decide saltarse algo ese día porque no le apetece, acabará convirtiéndose en una persona carente de verdadero valor. En todo, las tres *shin* (mentes) son importantes: *hosshin* es la motivación; *kesshin* es la determinación; *sōzokushin* es la consistencia.

Hanshi 9° *dan* Ogawa Chūtarō-*sensei* dijo: "Emprenda con seriedad cualquier tarea que se le haya encomendado. Si puede hacer eso, su habilidad para el kendo nunca decaerá". Aunque no tenga tiempo de ir al dojo, invente formas de entrenarse en el transcurso de su vida cotidiana. Tenga por seguro que esto mejorará su kendo.

11. La enseñanza de *shu-ha-ri*

"*Shu-ha-ri*" es una enseñanza japonesa mencionada con frecuencia en el mundo del *Budo* y la ceremonia del té. Se dice que se basó en un *tanka* (poema japonés de 31 sílabas) escrito por Senno Rikyū—el legendario maestro del té—en beneficio de un amigo carpintero. El *tanka* dice:

"Cuando utilice sus herramientas o cumpla las formalidades al relacionarse con los demás, no olvide lo básico. Luego, una vez dominados los fundamentos, rompa con ellos. Por último, cree protocolos exclusivamente suyos. Pero, aun así, nunca olvide lo básico."

En el contexto del kendo, esta expresión se utiliza para animar a los practicantes a aprender y copiar primero los movimientos de su *sensei*, en quien deben tener plena fe. Luego deben esforzarse por añadir su propio toque a lo que han aprendido. Por último, desarrollarán su propia filosofía y estilo. En otras palabras, esta expresión se refiere al orden del proceso de entrenamiento en kendo.

A continuación, explicamos la definición de cada palabra:

Shu— (Determinar. No desobedecer): Esto significa que debe observar las enseñanzas de su *sensei* al pie de la letra. Este es el nivel más básico de aprendizaje.

Ha — (Romper con la tradición): Después de dominar por completo el estilo de su *sensei*, se embarcará en un viaje para poner a prueba sus conocimientos y aprender nuevas fases y métodos que no encontró en la fase *shu*. Esta es la etapa de las técnicas aplicadas.

Ri — (La finalización de *shu*): La fase final de *ri* significa desarrollar una filosofía propia basada en la suma de lo aprendido. En otras palabras, significa trascendencia.

Los kendokas perfeccionan su propio estilo de kendo a medida que aumentan su *dan*. Sigo aspirando a un estilo de kendo que haga hincapié en la etapa *shu*, independientemente de mi rango. Apreciar lo básico hará que sus alumnos y otros profesionales quieran imitarle. Es ser un modelo a seguir para el *keiko*.

Hay otra enseñanza que es similar al *shu-ha-ri*:

"Se aprenden técnicas aplicadas a través de la adquisición de las nociones básicas. Para alcanzar un nivel técnico superior es necesario profundizar en los fundamentos."

Tendemos a olvidar la importancia de lo básico a medida que nuestro kendo progresa. Lamentablemente, no podemos aprender de nuestro *sensei* indefinidamente, y a medida que uno avanza en el camino del kendo, menos personas se inclinan a señalar problemas y fallos. Es un error alejarse del kendo ortodoxo para perseguir un estilo propio y "único". Al observar el *keiko* de un *sensei* de alto rango, puede parecer que se ha adentrado en los dominios de *ha* o *ri*. La verdad es que el *sensei* simplemente ha dominado los fundamentos a un nivel tan sublime, que es irreconocible para nosotros.

12. Cualidades del instructor

El kendo es una forma sublimada del *kenjutsu*, que fue creado mediante ensayo y error por nuestros predecesores. Es una forma tradicional de la cultura japonesa que tiene una larga historia y se ha transmitido de generación en generación. Los instructores son responsables de heredar las enseñanzas y transmitir correctamente los conocimientos a las generaciones futuras. Tienen que enseñar un "kendo correcto", pero ¿qué significa eso en realidad? En pocas palabras, es la adquisición del dominio técnico y el desarrollo de la mente.

Las técnicas deben basarse en los principios subyacentes al uso de espadas reales. Esto requiere prestar atención al *hasuji* (ángulo de la hoja) y al *shinogi* (costado de la hoja) durante el *keiko*. Cultivar la mente es desarrollar el sentido de la rectitud, la humildad y los buenos modales. "Rectitud" es actuar moralmente; "humildad" es mantener la integridad y tener sentido de la vergüenza; "modales" se refiere a saber comportarse adecuadamente con los demás.

La gente parece haber perdido de vista estos importantes objetivos del kendo. Parecen más bien orientados a desarrollar su habilidad técnica y excesivamente preocupados por ganar y perder. ¿Por qué? Tal vez se deba a que los instructores piensan que, a menos que sus alumnos obtengan buenos resultados, su valor como profesor disminuirá.

Enseñanzas como "*sossen suihan*" (dar un ejemplo digno de seguir) y "*shitei dōgyō*" (alumnos y maestros están en el mismo camino) sugieren que un buen instructor debe tomar la iniciativa en el *keiko*, y entender lo que es un kendo correcto y digno. Deben cultivar su propia mente y ser capaces de enseñar la cultura del kendo sin centrarse únicamente en las técnicas.

13. ¿Se aprecia su instrucción?

Cuando instruya a sus estudiantes, debe asegurarse de no darles motivos para decir o pensar cosas como: "Habla mucho, pero no actúa en consecuencia."

Hay una perogrullada que dice: "Los votos hechos en

la tormenta se olvidan en la calma." A veces veo a personas que, amargadas por haber fracasado en muchos intentos de examen, se vuelven instantáneamente más críticas con los demás en el momento en que aprueban. Casi me dan ganas de señalar que, si saben tanto, ¡deberían haber aprobado mucho antes!

A medida que aumente su grado tendrá más oportunidades de enseñar a otros. Le corresponde hacer de su kendo

algo que todo el mundo admire. Buscarán su instrucción y modelarán su propio kendo basado en el de usted. Instruir a otros es transmitir su filosofía de kendo, y es un gran privilegio del que debe ser honrado.

Realicé mi primer examen de grado para 8º *dan* en Tokio en noviembre de 2006, cuando tenía 47 años. Estaba lleno de confianza, pero el resultado distaba mucho de ser satisfactorio. Posteriormente, realicé viajes entre Kioto y Tokio para seguir presentando exámenes y, finalmente, el 1 de mayo de 2009 en Kioto, aprobé en mi sexto intento a la edad de 50 años.

Tras aprobar el examen de 8-dan, me comprometí a llevar a cabo las tres cosas siguientes:

> En primer lugar, seguiré intentando hacer mi kendo más fuerte. Esto significa no sólo tener la capacidad de golpear a mi oponente con destreza técnica. Consiste en asaltar a los adversarios con un *ki* fuerte, agitarlos para que surjan aberturas, y luego aprovechar esa oportunidad. Este es el tipo de kendo en el que sigo trabajando. No intento un golpe a menos que pueda abrumar a mi oponente con mi *seme* primero. Para ello, necesito seguir construyendo mi *ki*. La mejor forma de potenciar el *ki* es el ataque incesante en *kakari-geiko*. Sin embargo, una vez que se convierte en 8º *dan*, hay menos oportunidades de hacer esto, ya que está obligado a ser *motodachi*. Por lo

tanto, tengo por norma pedir a los *sensei* de mayor nivel que entrenen conmigo tres veces al mes.

En segundo lugar, me comprometí a trabajar en mi condición física para poder seguir soportando un *keiko* riguroso. Al utilizar trenes, coches y autobuses, siento que mis piernas se debilitan y que mi fuerza física fundamental disminuye a medida que envejezco. Cuanta menos fuerza física tenga, más difícil me resultará hacer kendo, lo que me expone al riesgo de lesionarme. Después de convertirse en 8º *dan*, hay muchas ocasiones en las que tiene que ser *motodachi* durante un largo periodo de tiempo. Es imposible realizar un *keiko* satisfactorio sin una fuerza física adecuada. Como un cuerpo robusto es fundamental para hacer kendo, estoy trabajando en mantener la potencia del centro, y fortalecer las piernas, la espalda y el abdomen para evitar lesiones.

En tercer lugar, me comprometí a reflexionar constantemente sobre mi kendo. Reprobé el examen de 8º *dan* cinco veces. El hecho de que esto sucediera significa que mi kendo no cumplía los requisitos del artículo 14 del "Reglamento para los certificados de los títulos *Dan/Kyu* y *Shogo* ". Afortunadamente, pude recibir instrucción y consejos de muchos *sensei*, lo que me ayudó a aprobar en mi sexto intento. Ahora mismo estoy intentando reflexionar sobre mis fracasos anteriores en kendo y averiguar qué los causó. Todo el mundo tiene defectos. El objetivo de la formación es identificarlos y ponerles remedio en un proceso continuo. Busque siempre sus propios defectos e intente solucionarlos.

14. Kendo es desarrollar la fuerza de voluntad

En última instancia, el kendo depende de la fuerza de voluntad. Sus habilidades pueden mejorar con el paso del

tiempo, pero su cuerpo se debilitará. Por lo tanto, si depende demasiado de las habilidades que se basan en la capacidad física, acabará por llegar a un punto muerto. Para continuar practicando kendo durante mucho tiempo, es necesario dominar los fundamentos.

El kendo tiene una imagen de ser "duro" y "difícil". La metodología de entrenamiento de kendo parece irracional cuando se considera el *shochū-geiko* (entrenamiento a mediados de verano), y el *kan-geiko* (entrenamiento a mediados de invierno) cuando los pies se entumecen con el frío. Pero hay un punto importante en esto. El *keiko* no consiste sólo en mejorar las habilidades, sino también en disciplinar la mente. Reforzar su actitud mental y su fortaleza es crucial.

Escribí la máxima "*kensokushin*" en una bolsa de *shinai* que se diseñó como regalo conmemorativo del 25º aniversario del Club de Kendo Shūdōkai. Significa: "La espada es la mente". En otras palabras, entrenar kendo es entrenar la mente, y entrenar la mente es entrenar kendo.

Incluso si no tiene mucho éxito en el kendo competitivo, persista con los fundamentos y construya una base sólida. Como el conejo y la tortuga, los que hacen un esfuerzo adicional y trabajan con diligencia prevalecerán a largo plazo. Los que no, no lo harán. En kendo, los grandes talentos maduran con el tiempo. No hay atajos. Cíñase en lo básico y haga *keiko* todo lo que pueda. Tenga cuidado de que su kendo no se convierta en un simple intercambio de golpes. Entrene con determinación y suficiente fuerza de voluntad para convertirse en un modelo a seguir a los ojos de todos.

15. Hacer únicamente *keiko* no es suficiente

Haga *keiko* tanto como pueda. El contenido del *keiko* debe estar bien planificado y ejecutado. Independientemente de su edad o grado, nunca descuide lo básico, en concreto, el

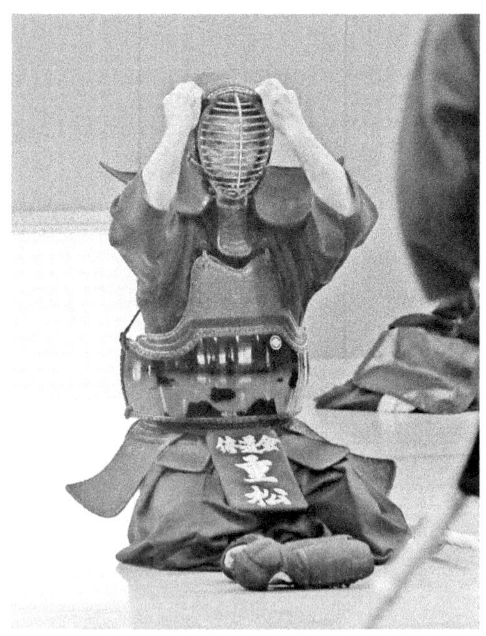

kirikaeshi y el *uchikomi*. Son los ejercicios fundamentales que siempre deben estar en el menú.

Aun así, puede que se pregunte si basta con ceñirse a lo básico. No lo creo. Efectivamente, hay algunas personas que pueden brillar sólo haciendo *keiko*, pero creo que son una minoría. Puede que experimente una mejora constante de sus habilidades, pero tarde o temprano chocará con un muro. Lo que marca la diferencia es cómo se salta ese muro. Tiene que prepararse para los inevitables obstáculos, tomar la iniciativa e intentar absorber todo lo que pueda ayudar a su kendo.

Personalmente, me gusta correr porque fortalece la parte inferior del cuerpo y me hace sentir bien mentalmente. Adicionalmente, dedico diez minutos diarios a ejercicios de respiración centrados en mi tanden. Esta práctica no solo enriquece mi mente, y me aporta equilibrio, sino que también eleva la calidad de mi desempeño en kendo.

Aquellos con auténtico talento no se limitan a esforzarse en una sola área. A pesar de que pueda dar la impresión de que el *keiko* consume toda su atención, es muy probable que también se involucren en actividades complementarias tras bastidores. Es crucial reconocer que el *keiko*, por sí mismo, no es suficiente; requiere de elementos adicionales que lo complementen.

CONCLUSIÓN

Opté por escribir este libro con el objetivo de asistir a otros practicantes de kendo. He plasmado en estas páginas la filosofía de kendo que he ido forjando a través de años de dedicado entrenamiento. Soy consciente de que mis habilidades de escritura son limitadas y, por ello, el contenido podría percibirse como algo superficial. Reconozco que cada individuo tiene sus propios valores y metas. Jamás ha sido mi propósito imponer mis métodos de entrenamiento a nadie; sin embargo, albergo la esperanza de que este humilde libro pueda ofrecer algún grado de utilidad a aquellos que transitan por la senda del kendo. Extiendo mis mejores deseos a todos los compañeros *kenshi* a lo largo de su viaje.

LA MENTALIDAD EN EL KEIKO

Si busca un nivel superior de kendo, su *keiko* cambiará.

Si su *keiko* cambia, su estilo de vida cambiará.

Si su estilo de vida cambia, su espíritu de kendo cambiará.

A medida que su espíritu de kendo cambie, descubrirá el camino que tiene ante usted.

No mire hacia arriba, no mire hacia abajo.

Sea sincero y aprenda tanto de lo alto como de lo bajo.

Simplemente dedíquese al "Camino".

www.ingramcontent.com/pod-product-compliance
Ingram Content Group UK Ltd.
Pitfield, Milton Keynes, MK11 3LW, UK
UKHW021933190726
13853UKWH00004B/1405

9 784907 009366